AF224431

L 44
Lb
656
A

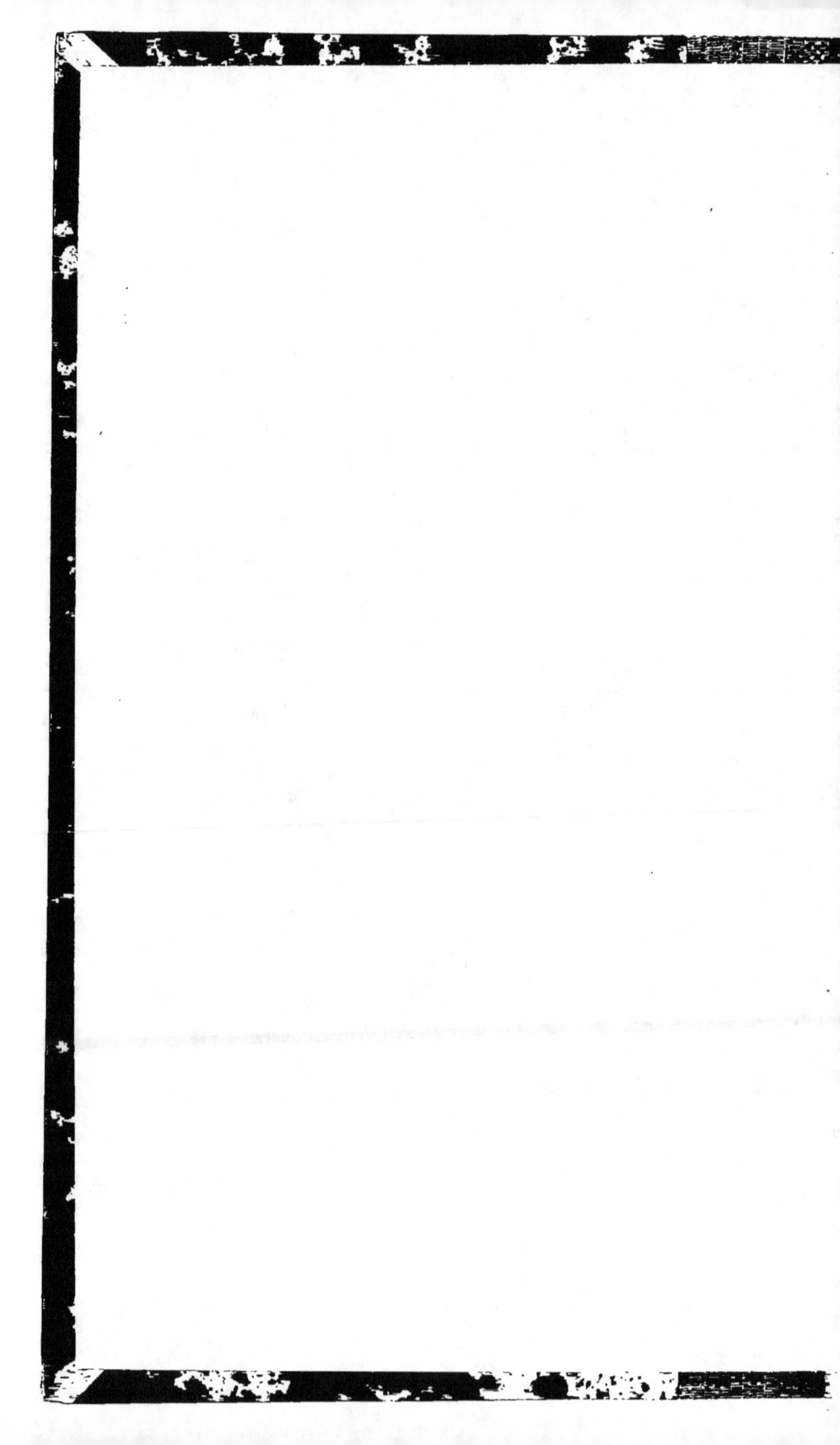

LE SÉNAT

ET

ENCORE UNE CONSTITUTION.

interessant

A

LE SÉNAT

ET

ENCORE UNE CONSTITUTION.

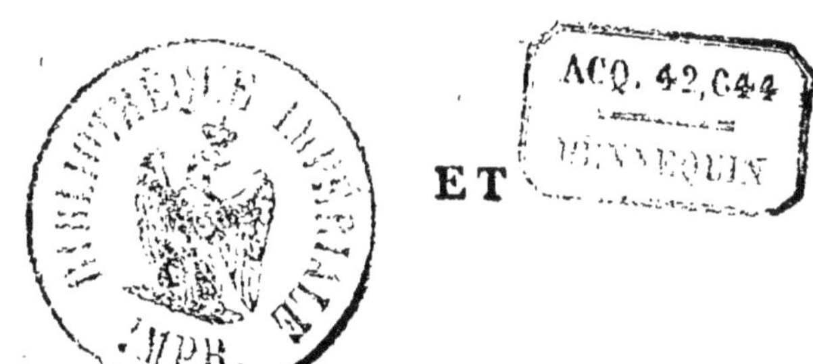

Conforme à l'édition de Paris.

St. PÉTERSBOURG,
DE L'IMPRIMERIE DE PLUCHART ET COMP.
1814.

LE SÉNAT

ET

ENCORE UNE CONSTITUTION.

LE Sénat, suivant son usage financier, s'était fidèlement assemblé, le 28 mars, pour la distribution des trois mille francs, que chacun de ses membres reçoit tous les mois. Ils apprirent avec douleur qu'ils devaient, pour la seconde fois, se retirer les mains vides. Les pères de la patrie, indignés de cette absence de fonds, et *considérant que*, réduits à ne plus conserver leur voiture, il leur serait impossible de soutenir leur dignité, arrêtèrent qu'ils ne se réuniraient plus et que chacun d'eux, pour vivre plus économiquement, irait *planter ses choux* dans sa campagne. En effet, plusieurs quittèrent Paris le même jour, d'autres s'y trouvaient encore le 30 mars ; mais au bruit du canon, ils essayèrent de fuir la capitale. Ils furent arrêtés aux barrières. C'est ainsi qu'ils ne purent échapper au mer-

veilleux spectacle qui, le 31 mars, fit l'ad-
miration et le bonheur de tous les bons Français. Quelle fut leur surprise ou plutôt leur
effroi, lorsque, déchus de leurs fonctions
par une révolution si prononcée et si pai-
sible, ils furent invités ce même jour à se
réunir au Luxembourg ? Chacun a pu les
voir, et je les ai vus, lorsqu'ils se rendaient
à la séance ordonnée, dans le grand cos-
tume qui les faisait reconnaître. Ils étaient
pâles, défigurés, polis ; ils saluaient tous
les passants avec un air de componction et
d'affection admirable et risible. On pouvait
juger combien ils étaient loin de compter
sur la générosité des vainqueurs. Mais à
peine ils eurent appris le sujet de leur con-
vocation et le besoin que l'on daignait se
créer de leur humiliante assistance, qu'une
minorité factieuse et toujours dominante,
que des hommes de 93 retrouvèrent des hur-
lements et semblèrent affublés d'un bonnet
rouge (1). L'orgueil reparut sur leur visage,

______

(1) A Dieu ne plaise que j'aie assez d'injustice et que
j'affecte assez d'ignorance pour ne pas attester que les
graves reproches que l'on doit adresser au sénat en corps,
ne doivent pas également compromettre plusieurs de ses
membres. Il en est que j'ai vu navrés des obligations
qu'on leur imposait. Ceux-là ne sont point arrivés au

et l'arrogance dans leur maintien, comme dans leurs paroles. Esclaves sous un tyran, ils croyent à l'instant nous déguiser leur bassesse et deviennent à leur tour les tyrans scandaleux de leur souverain légitime! ils tremblaient sous un maître; ils dictent des lois à leur prince, et lui présentent, pour condition de son retour, un pacte sordide, une convention personnelle, un marché qui ne stipule que leurs intérêts, et qu'ils osent nommer une constitution!

Quel noble effort dans le premier article!

---

sénat par des crimes. Les uns doivent leurs nominations à de grands talents, au rare courage qu'ils ont eu de faire entendre des vérités dangereuses, à la faveur d'une louange d'étiquette et à l'art qu'ils ont toujours déployé, en donnant à la flatterie d'obligation, le mérite de la noblesse et de l'utilité. Les autres, quoiqu'étrangers à l'ancienne France, ont étonné leurs préfectures par des idées libérales et de grands bienfaits. D'autres ont en quelque sorte conquis leurs places par les acclamations des pauvres qu'ils soulageaient dans les hospices. D'autres n'ont obtenu dans le sénat qu'un faible dédommagement à un exil barbare et aux soins qu'ils ont pris pour assurer le bonheur de leur patrie par d'heureux traités de commerce et de paix. Ces membres estimables du sénat sont d'autant plus à plaindre d'avoir signé la constitution et de s'être choisis et perpétués eux-mêmes, qu'ils devaient être bien sûrs de fixer les regards et la justice du roi.

le principe qu'il nous révèle est nouveau. Il nous annonce que le gouvernement français est monarchique et héréditaire de mâle en mâle. Ne faut-il pas s'extasier de cette découverte ? Mais il y a huit cents ans que cette vérité est reconnue ; elle était même confirmée par la cinq ou sixième constitution du 8 frimaire de l'an 8 : on ne peut lui reprocher à cet égard que d'avoir substitué le nom d'un rare aventurier, au nom cher et sacré que tous les Français portaient dans leurs cœurs.

Après quatorze ans de la plus honteuse servitude, voilà que ce fier sénat s'arroge le droit d'appeler *librement* au trône de France son légitime Possesseur : c'est un acte étrange de liberté que de céder au vœu national, à la plus stricte équité, au cri de tous les cœurs. Ne dirait-on pas qu'il s'agit ici d'une couronne élective qu'un sénat légalement établi serait chargé de placer, par son choix, sur tel ou tel front à sa volonté ! Non, non, pères conscripts, c'est par droit de naissance que doit régner sur nous et *sur vous* Louis Stanislas Xavier *de France!* de *France*, entendez-vous, de *France !* C'est vous qui l'avez dit : ce trône est son héritage, et cet héritage est aussi sacré, il

est également sa propriété que vos fermes,
que vos terres, que vos rentes et vos palais.
Cette vérité de fait est constatée par la dé-
nomination de Louis XVIII, que la France
entière donne à son Roi. Elle suppose entre
lui et Louis XVI, un intermédiaire, un
Louis XVII. C'est une succession non inter-
rompue ; tous les Rois la reconnaissent.
Quelle inconséquence dans le silence que
vous affectez à cet égard ! car enfin, si vous
appelez librement un nouveau prince au
trône, il doit commencer une série nouvelle de rois, et alors ce nouveau roi ne devait être pour vous que Louis Ier.

Après tant d'audace on trouve au moins
plus de conséquence et de suite dans vos
prétentions à l'égard des premières maisons
de France. Mais il est plaisant que ce soit
la noblesse nouvelle qui accorde à l'ancienne la permission de reprendre ses titres.
La source des vôtres sera certainement il-
lustrée et purifiée par une si généreuse
faveur.

Vous daignez convenir que le *pouvoir
exécutif appartient au roi*, c'est-à-dire,
que le roi sera roi. Mais, tout à coup, et
comme si vous étiez effrayés de cette con-
cession, vous décidez que la proposition

des lois appartiendra tour à tour au sénat, au corps législatif et au souverain. Voila trois pouvoirs qui ne manqueront pas de s'accorder merveilleusement, grâce au bel ordre que vous établissez ; et si nous éprouvons la disette en quelque chose, certes, en fait de lois au moins, nous sommes sûrs de voir régner l'abondance. Le sénat présentera ses projets, le plus mince député prônera les siens ; tous arriveront de leurs départements, chargés de pétitions bizarres ou ils voudront faire convertir en lois ; l'envie de briller, de faire du bruit, de montrer de l'audace qu'on appellera courage, mille prétentions enfin nous plongeront dans un chaos que la sagesse même ne pourra débrouiller. Le sénat sera d'une opinion, le corps législatif sera d'un avis opposé, le roi sera seul contre tous ! Son *veto* nécessaire soulèvera tous les esprits : on l'accusera de résister au vœu national. Nous serons de nouveau plongés dans les plus horribles troubles ; le seul moyen de les éviter, c'est, qu'au roi seul appartienne l'initiative des lois, et qu'elles n'ayent de force et d'exécution que par la sanction d'un corps honorable et honoré, purement composé, avoué par la nation et accepté par le roi. Voilà ce que prescrivent la raison, la justice, le bon ordre et le besoin du repos.

On nous répète sans cesse qu'il faut une barrière au pouvoir. J'en conviens, et je voudrais que cela fût possible. Mais ces expressions de *pouvoir* et *de barrière* sont deux mots qui se contredisent. Un roi sans pouvoir ne peut faire le bien ; et quelle barrière peut l'arrêter quand il possède la puissance, et qu'il veut en user ? Tous les siècles, toutes les histoires ont prouvé cette vérité. Rome et la France en sont les témoins. Les consuls ont écrasé les tribuns et les tribuns à leur tour ont bravé l'autorité des consuls. Auguste affectait tous les dix ans d'être dégoûté de la puissance, et le sénat le suppliait de ne pas abandonner la république. N'est-ce pas après ses proscriptions que le sénat lui décernait le nom d'Auguste, titre imposteur qui exprimait une sorte de vénération, à tel point que son opinion, dans le sénat, devenait respectueusement celle du plus grand nombre. Qui ne sait que sous Tibère, les lois ne furent que des *sénatus-consultes*, toujours conformes à la volonté d'un tyran ; et que le sénat s'était rendu si abject qu'il inspirait du dégoût même à l'objet de ses adulations.

Ce n'était pas seulement à Tibère, que le sénat était soumis, tous ses membres se montraient les humbles courtisans de son dernier affranchi, et long-temps prosternés devant Séjan, ils n'hésitèrent pas à le condamner au premier signe de leur maître. La stupidité de Claude le fit jusqu'à cinquante ans rejeter de sa propre famille ; et Caligula ne sachant à quoi l'employer en fit un sénateur. Quand il fut empereur, il voulut épouser Agrippine sa nièce. Les mariages, à ce degré, étaient défendus par les lois ; le sénat fit une loi nouvelle pour autoriser cette alliance. Il félicita Néron d'avoir assassiné sa mère, il vota pour ce parricide des actions de grâces aux dieux, et le même sénat qui avait adoré les crimes de Néron, le déclara bientôt ennemi de la patrie, quand il le vit abandonné, et le condamna à être lié à un poteau et battu de verges jusqu'à la mort. C'était, comme de nos jours, d'un sénat avili que devait dépendre l'élection des empereurs ! les gardes prétoriennes en firent justice ; mais cette puissance militaire ne fut pas plus heureuse pour l'empire. Loin de nous de pareils exemples ! Rien par la violence, elle n'a que trop agi. *Oublions, oublions,* c'est le cri de ralliement , c'est le mot d'ordre de la France et de son Roi. Que sa présence ne coûte ni larmes ni regrets. Que personne ne soit malheureux ni dépouillé par son retour. Mais l'oubli même a ses bornes : il serait poussé trop loin, si du sénat de Buonaparte on faisait dépendre, sous la forme inouïe d'une élection, le retour d'un monarque, dont les droits ne sauraient prescrire. Si l'on souffrait qu'un pareil sénat qui depuis quatorze ans................. Mais réprimons des réflexions ; où , malgré nous , trop de passion se mêlerait sans doute ! Établissons des faits : ils parleront assez d'eux-mêmes. Ce faible aperçu pourra suffire.

Le sénat n'a été nommé que pour être conservateur. Peut-on nier qu'il n'a fait que détruire, tout détruire, jusqu'aux lois qui l'avaient établi.

Formé d'abord de 62 membres , il ne devait s'élever en dix ans qu'au nombre de 80 : il est aujourd'hui (charge énorme pour l'état), composé de 143 membres , sans les princes et les grands dignitaires.

Un sénateur devait à jamais être inéligible à toute autre fonction publique : elles sont cumulées sur leurs têtes.

Le sénat devait annuler tous les actes inconstitutionnels. On l'a vu sans cesse appuyer et sanctionner ceux de cette nature.

Le premier consul ne devait l'être que pour 5 ans.

Un sénatus-consulte du 14 thermidor an 10, le proclame à vie.

Un sénatus-consulte du 16 change la constitution.

Le sénatus-consulte, qui proclamait Buonaparte consul à vie, est détruit à son tour.

Un nouveau sénatus-consulte du 28 floréal an 12, le proclame Empereur des Français.

Bientôt le sénat toujours docile, et bien loin de nous offrir cete barrière que l'on croit opposer à la tyrannie, déclare, par un sénatus-consulte du 15 brumaire an 13, l'hérédité de la famille de Buonaparte.

Un nouveau sénatus-consulte, du 30 mars 1806, s'occupe de régler en détail toutes les prérogatives de la famille impériale.

Le sénat ne borne point sa juridiction à l'intérieur de l'empire, il étend sa puissance sur les souverainetés et les propriétés étrangères.

Il s'empare, il réunit à la France, ou donne à des particuliers l'île d'Elbe, nouvelle Caprée, à jamais fameuse par la justice du ciel, la principauté de Bénévent, les départements du Pô, de la Doire, de Marengo, de la Sésia, du Tanaro, la principauté de Guastalla, les villes de Kelh, Cassel, Wesel, Flessingue, Hambourg, Dantzick, les duchés de Parme, de Plaisance, les états de Toscane, le Valais, Rome enfin ; et augmente de plusieurs domaines la dotation de la couronne. Tous ces faits sont prouvés par des sénatus-consultes des 8 et 24 fructidor an 10, 14 août 1806, 28 janvier et 14 mai 1808, premier mai 1812 et plusieurs autres.

Au milieu des ces grandes conceptions et de ces concessions politiques, le sénat est bien éloigné de s'oublier lui-même. Neuf sénatus-consultes sont rendus en faveur de ses intérêts personnels. Ils règlent les traitements des sénateurs, la création de sénatoreries à leur profit, les biens affectés à ce genre de dotation, digne prix de leur docilité, les palais, les monuments qui doivent dépendre de ces nouveaux bénéfices, les rentes, les échanges accordés pour les améliorer, et enfin la vente d'une partie de ces biens à la caisse d'amortissement.

Des villes, des départemens déplaisent et paraissent suspects ; un sénatus-consulte du 26 vendémaire an 11, les met hors de la constitution et suspend dans ces contrées les fonctions et les priviléges de jury.

Un sénatus-consulte rompt des nœuds bénis par le pape, repousse une souveraine qu'il a sacrée de ses mains, et que la plus sainte onction devait protéger.

Un sénatus-consulte avait interdit la régence à l'impératrice des Français, elle en est revêtue par un sénatus-consulte !

Mais que sont tous ces torts, toutes ces contradictions du sénat, toutes les preuves de sa faiblesse, de son avilissement et de son avarice auprès de ce calcul de sang, de victimes et de morts que l'on voudrait différer d'établir, mais qu'il faut enfin se résoudre à contempler dans toute son horreur.

Je ne m'arrêterai point à une foulle de décrets *nommés impériaux*, tous rendus pour le meurtre et que Buonaparte a fait exécuter de sa seule volonté. Je ne parlerai point de ses lois sur l'ancienne conscription, qu'il a rendu plus sévère et plus inévitable, ni de l'infernale invention des colonnes mobiles. Les reproches qui lui sont exclusivement personnels, n'ont plus d'objet, et dès qu'il peut vivre il est assez puni.

Je ne dois m'attacher aujourd'hui qu'à démontrer que le sénat est *solidaire* avec

Buonaparte de tous les malheurs de la France. Sans la basse flatterie, sans la honteuse servitude de ces hommes qui sont devenus ses complices, jamais le Corse n'eût tant osé. La France était lasse de ses lois de conscription ; il fallait, pour les maintenir, que le sénat devint son pourvoyeur, et c'est particulièrement depuis 1805 que non-seulement il s'est prêté sans relâche au système le plus effrayant d'anéantissement de l'espèce humaine ; mais que souvent il a, de lui-même, été plus loin que ne l'espérait et ne l'exigeait l'exterminateur.

Pour ne rien exprimer de vague, je préciserai par jour et par date les sénatus-consultes périodiques, dont la facile prodigalité fait encore frémir.

Le 2 vendémiaire an 14, un sénatus-consulte ordonne pour l'année 1806, conscrits. 80,000

4 Décembre 1806, pour l'année 1807, conscrits. 80,000

7 Avril 1807, pour l'année 1808, conscrits. 80,000

10 Septembre, même année 1808, rappel sur les années 1806, 1807, 1808 et d'avance sur 1809, conscrits. 80,000

Et d'avance encore sur 1810 ,
conscrits. 80,000

25 Avril 1809 , conscrits. 30,000

Repris encore 1806, 1807, 1808
et sur 1809. 10,000

5 Octobre , même année 1809,
repris encore sur 1806 , 1807 ,
1808 , 1809 et 1810 , conscrits. 36,000

20 Mars 1810 , dans les départemens de Rome et du Trasimène,
conscrits 4,000

8 Novembre , même année ,
dans les cantons , mairies et départements des bouches de l'Es-
caut , conscrits. 7,000

13 Décembre , même année ,
pour 1811 , conscrits. 120,000

Même date et même année ,
pour la marine , enfants de 12 à
16 ans. 40,000

3 Février 1811, décret *impérial*
et sans obstacle du sénat , sur
l'année 1811 , conscrits. 80,000

20 Décembre , même année
1811 , un sénatus-consulte accorde
pour l'année 1812 , conscrits... 120,000

13 Mars 1812 ; sénatus-consulte,
relatif à l'organisation de la garde-

nationale , divisée en trois bans et appel sur-le-champ de 88 co-hortes du premier ban. . . . . . . : .   88,000

Pour les 12 cohortes restant à former pour compléter les 100 mises à la disposition du ministre de la guerre.   12,000

9 Octobre 1813, pour l'année, conscrits.   280,000

15 Novembre , même année , pour 1814.   300,000

Et en avance sur 1815 , cons-crits.   160,000

Enfin, qui le croirait, un mois avant l'heureux dénoûment de la plus longue tra-gédie , le sénat a souffert qu'un décret , daté de la ville de Troie , le 26 février de cette année , ordonnât une levée générale , et que pour avoir l'air d'enrégimenter de mal-heureux paysans , on leur donnât pour uni-forme une tunique , prétendue *gauloise* , et qui n'était qu'une blouse de charretier. Le 26 mars encore , cinq jours avant l'heu-reux 31 , l'exécution d'un sénatus-consulte est ordonné par l'impératrice , et l'on pousse l'atrocité jusqu'à l'associer à des ordres de carnage.

Ajoutons à cette horrible masse de victimes, accordées froidement par tant de sénatus-consultes, ce que le mode d'exécution en livrait de plus. On reconnaîtra que lorsque les préfets et sous-préfets devaient se borner à marquer au front 80,000 adolescents pour la boucherie de Buonaparte, elle en dévorait au moins 120,000. C'est un grand tiers de plus que l'on doit ajouter aux conscriptions avouées et dont la masse s'élève à. 1,677,000

Supplément. 559,000

Total des sénatus-consultes, 2,236,000

Les décrets impériaux en ont bien autant moissonné. C'est donc au moins quatre millions de Français que nous coûtent l'éclat de nos revers, la tyrannie d'un homme, et la servitude d'un sénat conservateur.

Comment prévoir où pourra s'arrêter l'audace de certains hommes, lorsqu'après avoir jeté les yeux sur le tableau que nous venons d'exposer, on aperçoit les mêmes personnages, dont il représente la bassesse et la flatterie criminelle, prétendre encore à une puissance révoltante, la vouloir héréditaire, et l'exiger de leur souverain comme une condition de la reconnaissance de ses droits ?

Tel est le renversement d'idées que l'on trouve consigné dans l'article 6 de la constitution des recruteurs de Buonaparte.

Il y a, disent-ils, 150 sénateurs au moins et 200 au plus.

Ils sont déja 143, il n'en restait donc que 57 à nommer au monarque. Cette minorité serait effrayante.

« Leur dignité, disent-ils, est inamovible » et héréditaire. Ils sont nommés par le roi. »

Et les 143 se nomment eux-mêmes !

Quoi, leurs dignités héréditaires nous raviraient jusqu'à l'espérance de voir enfin disparaître des noms tracés avec le sang le plus auguste, et celui de tous les Français.

Oui, nous serions sans espérance ! Car non-seulement ils auraient leurs enfants pour successeurs, mais l'article 28 leur donne encore un moyen étrange de perpétuer leur souvenir.

Cet article prétend que toutes les lois actuellement existantes resteront en vigueur, et il maintient le code civil des Français.

Voyez ce qu'il contient le code civil !

TITRE VIII. ART. 347.

« L'adoption conférera le nom de l'adoptant à l'adopté. «

Art. 350.

« Il aura sur la succession de l'adoptant
» les mêmes droits que ceux qu'y aurait l'enfant né en mariage. »

Ainsi le sénateur héréditaire, qui se trou-
vera sans postérité, pourra du premier
enfant qu'il voudra choisir, faire un des
premiers personnages de l'état, le collègue
d'un Montmorenci, d'un Brissac, d'un Ro-
han, d'un Laroche-Jaquelin, d'un fidèle
d'Avarey, d'un Maillé, d'un Crussol, et
le faire asseoir même aux nobles côtés d'un
prince du sang royal. Instruit ou stupide,
probe ou sans honneur, il suffira qu'il ait
21 ans pour se parer de la pourpre sénato-
riale. Ah ! ce qu'il faut dire au moins sur le
privilége que donnerait une pareille loi, c'est
que l'enfant ainsi choisi, l'enfant le plus
obscur inviterait moins à le fuir, et serait
plus supportable que celui qu'il remplace-
rait, s'il n'avait pas l'obligation de rappeler et de porter son nom.

Qu'importe pour eux que la guerre éter-
nelle qu'ils ont alimentée, soutenue, auto-
risée, applaudie, ait ravagé nos campagnes,
incendié les villes, renversé les chaumières
et laissé nus des millions de malheureux !
Qu'importe que le clergé dont les bois et les

édifices leur appartiennent soit sans honneur, sans dignité, sans moyens de bienfaisance et sans pain; qu'importe que le prix du sang de nos soldats, que la solde de l'armée, que le soin des blessés, que le chétif revenu du misérable rentier de l'état ne soient pas assurés; il faut à ces pères de la patrie un revenu de 6,444,000 fr.: les dépouilles du peuple n'ont plus rien d'affligeant pour eux dès qu'ils jouissent de ces dépouilles. Leur avarice les veut héréditaires, les veut exclusives, et sans partage avec les collègues que pourra leur associer le roi. Quand il s'agit de l'hérédité du rang, ils veulent que tout soit égal entre les anciens et les nouveaux sénateurs. Mais si l'on veut, par le même principe, les faire participer à leur dotation; oh! soudain! l'égalité les épouvante.

De l'or, de l'or, voilà leur cri: juste ciel! qu'on leur en donne et qu'ils partent! Quelque épuisée que soit la France, elle sera trop heureuse encore de s'en défaire à ce prix!

Il est clair que tous ces détails de cupidité, tous ces raffinements d'orgueil ne devaient jamais entrer dans le plan d'une constitution.

On peut dans une charte nationale, dans un pacte, dans un contrat que l'on fait avec un roi, quand on a le droit de le faire, et certes il n'existe pas ici, on peut stipuler des bases, arrêter des principes généraux; on peut dire, à tort ou à raison, il y aura un sénat; mais jamais on n'imaginera de dire, *c'est nous qui le composerons et nous nous donnerons deux cent millions de capital, pour salaire des places que nous prenons.* Ce n'est pas la peine d'avoir éprouvé 25 ans de révolution, d'avoir dévoré des miliards d'écus et des millions d'hommes, de revoir enfin notre roi, d'avoir retrouvé l'enthousiasme des cœurs vraiment français pour en venir à une pareille humiliation. On aura beau nous répéter *qu'il ne faut pas être plus royaliste que le roi.* Oui, nous serons *plus royalistes que le roi.* Sa grande âme, ses vertus, son amour pour son peuple, et pour la paix, peuvent l'engager a s'immoler, c'est à nous de le défendre contre lui-même. Il peut ignorer combien nous avons de remords et de honte, et combien se réveillent au fond de nos cœurs les sentiments d'honneur, de confiance et d'amour. C'est à nous à les lui prouver.

Poursuivons ;

Les entrepreneurs de constitutions veulent bien convenir que la sanction du roi est nécessaire pour le complément des lois. Il faut espérer que le premier usage qu'il fera de cette liberté sera de ne point sanctionner une chartre funeste et si légèrement improvisée.

Elle déclare très-sagement que nos rois auront le droit de faire grâce. *Ils ne font pas autre chose*, a-t-on répété, souvent. Il n'y a rien à reprocher à cet article ! On voit bien que pour nos sénateurs associés cet article est de précaution.

Pas un mot sur le droit de faire la paix et la guerre ; et ce qui prouve une absence totale et de sens et d'esprit et de ce faible mérite que l'on nomme à propos, c'est le silence absolu que nos sénateurs ont gardé sur la conscription. Ils ont tant fait pour elle et par elle qu'ils semblent encore y tenir. Et quand elle est abolie de fait, quand elle est repoussée par l'horreur qu'elle inspire, quand le cœur de nos princes et leurs proclamations paternelles nous ont assuré l'extinction de ce fléau ; les pourvoyeurs de Buonaparte ne veulent pas même être l'écho

d'une parole consolante ; un bienfait les ré-
volte quoiqu'ils n'en sont pas les auteurs.

Mais une grande inquiétude me tour-
mente ! d'après certaines clauses de la nouvelle constitution, on pourrait croire que
l'on a prononcé trop tôt la déchéance de
Buonaparte, et qu'il serait possible que l'on
fût obligé de le rappeler. C'est peut-être le
doux espoir qu'on a voulu se ménager et l'ar-
rière pensée de ses plus chers affidés. Car
enfin, suivant le cours des choses et des
lois imposées, nous ne sommes par sûrs de
pouvoir remplacer Buonaparte et d'avoir un
roi ! Le nôtre, à les en croire, ne doit être
proclamé que lorsqu'il aura bien signé de sa
main un acte portant : *qu'il accepte la
constitution d'avril, qu'il jure de l'observer et de la faire observer*, et que cette
constitution aura été soumise à l'acceptation
du peuple Français. Nous voilà placés entre
deux périls imminents. Si le roi, par ha-
sard, connaît assez bien l'histoire de ses
aïeux pour invoquer leurs droits, s'il nous
rappelle que, depuis nombre de siècles,
nos rois ne sont plus électifs, et s'il ne veut
pas, en ayant l'air de recevoir un don, reconnaître dans ceux qui osent le lui faire,
le pouvoir dangereux de le retirer ; alors

point de soumission au sénat, point d'acceptation de son pacte, et par conséquent point
de roi !

Si ce bon prince au contraire chérit assez
les Français pour qu'aucun sacrifice ne lui
coûte, et que voulant à tout prix se charger
de leur bonheur , aucune condition ne l'ar-
rête , il signera sans doute et vous le pro-
clamerez. Mais alors ; si pour cette abnéga-
tion généreuse , il n'en devient que plus
cher à son peuple , et que ce peuple , dans
les transports de sa reconnaissance , s'obs-
tine à briser lui-même les indignes fers que
l'on veut donner à son roi , point de soumission au sénat de la part des Français ,
point d'acceptation ! Est-ce vous alors , sénateurs , qui oserez dire : *point de roi*, et
qui rappellerez Buonaparte aussi facilement
que vous l'avez expulsé. Non , non , sénateurs , tous les Français , ce brave et bon
peuple sera loin de souscrire à une telle in-
famie : il élèvera son prince dans ses bras ,
et, comme autrefois dans le champ de mars,
il le placera sur un bouclier et votre constitution à ses pieds. Il vous dira : plus d'as-
semblée nationale , plus de législative, plus
de convention , plus de cinq - cents , plus
d'anciens , plus de sénat, plus de ces mots

abstraits et trompeurs, plus de ces conceptions bizarres, plus de ces puissances rampantes qui n'ont servi de barrière, ni à Maximilien Robespierre, ni à Maximilien Buonaparte. Nous serons assez heureux avec la constitution de Philippe - Auguste, de Charles - le - Sage, de Louis XII, père du peuple, de François Ier., avec celle d'Henri IV et même de Louis-le-Grand. Nous trouverons des garanties assez sacrées de notre bonheur dans la déclaration du 23 juin de Louis XVI et dans les célestes expressions de son testament. Que Louis XVIII se présente à nous avec ces monuments d'une bonté royale et paternelle, avec les proclamations de son loyal frère et les siennes. Nous y croirons, nous croirons aux vertus de son auguste et bonne race, et aux paroles d'un *Roi français*. C'est notre confiance, c'est notre amour qui serviront de barrière à son autorité, si jamais elle en avait besoin. Oui, la seule qui soit forte et stable pour un bon roi, c'est la crainte de s'aliéner les cœurs de ses sujets : s'il peut se résoudre à la rompre, cette barrière, tout autre serait inutile. On ne l'a que trop éprouvé. Nous en avions des barrières à opposer à la tyrannie! quel usage en avons-nous fait, et de quel secours nous ont-elles servi ? C'est un sénat qui a placé sur un trône héréditaire celui dont la mitraille a terminé les jours d'une foule de français à Toulon, et dont les meurtres de vendémiaire à Paris ont commencé la renommée. C'est un sénat qui a décerné l'empire à celui qui protégea l'ambition d'un vil directoire et l'ostracisme de fructidor, à celui qui a perdu les restes de notre armée navale à Aboukir, qui s'est fait louer d'avoir consolé nos soldats attaqués de la peste en Egypte, et s'en est défait par l'opium ; c'est par le sénat que fut couronné l'homme féroce qui fit égorger près du Caire six mille turcs désarmés sur la foi d'une capitulation, et qu'on accuse, avec une forte présomption, d'avoir déchaîné contre Kléber, dont il craignait les récits, l'arabe assassin qui le frappa quand il était sans défense. C'est par le sénat que fut couronné ce général déserteur qui, sans ressource en Egypte, abandonna son armée à toutes les horreurs de la misère, osa violer, en débarquant à Fréjus, toutes les lois de la quarantaine, risqua de nous apporter la peste, et livra la France entière à un désastre plus terrible que ce fléau. C'est le sénat qui, muet et sans horreur au bruit d'un crime épouvantable , a fait son empereur d'un soldat de fortune , qui en se disant *le dieu de la guerre*, ne fut pas retenu dans sa fureur par un nom tout militaire , plein d'espérances et qui fait partie de la gloire française , enfin par le nom si cher et si grand que portait dans sa jeunesse le vainqueur de Rocroi , de Fribourg , de Nortlingen , et de Sénef. C'est le sénat qui a souffert et protégé l'épouvantable égorgement de nos enfants, de nos frères et de nos amis, la trahison déshonorante et si chèrement payée envers les princes d'Espagne , les atroces violences contre un vénérable et saint pontife , des impôts arbitraires et clandestins sur les denrées coloniales , des décrets oppresseurs qui , sans la sanction des lois , taxaient audacieusement et nos personnes et nos propriétés ; enfin cette guerre affreuse de dévastation , de ruine et d'incendie qui devait attirer sur nous la vengeance de l'Univers ; et qui vient , contre toute attente , en procurant au monde le plus sublime exemple de modération , nous donner la paix et le retour si désiré de nos rois légitimes. Ah! pour nous consoler du souvenir de tant de honte et de misères si profondes , pour justifier nos espérances , rappelons-nous que ce ne fut jamais par l'intervention d'un sénat que nos rois ont répandu tant de bienfaits autour d'eux. Non, ce n'est pas à un sénat que nos soldats mutilés doivent un asile honorable, que notre jeunesse, élevée pour la gloire des combats, a dû cette école, où l'ingrat Buonaparte a reçu des secours qu'il a si mal reconnus. Sans un sénat le vertueux Louis XVI a, de lui-même, aboli la servitude dans ses domaines, et l'autorité seule de son exemple en a délivré les domaines de ses sujets. Sans les avis d'un sénat, il a rendu l'honneur à l'agriculture en traçant des sillons de sa main; sans un sénat, il a détruit la corvée et les tortures de la question; sans un sénat il a rendu plus salubres les hospices des pauvres, leur a donné l'espoir d'y renaître à la santé, d'y trouver moins affreux leur dernier jour, et grâce à lui du moins la vie et la mort n'ont plus habité la même couche. Sans un sénat enfin, il s'est montré le soutien des enfants abandonnés, il les a soustraits aux hasards d'une charité froide, il a doté les orphelins; il a réparé la cruauté des pères, et, dans le ciel même, le bon Vincent-de-Paul a tressailli de joie en voyant un bon roi perfectionner son ouvrage.

Loin de nous ces esprits glacés, qui viennent aux élans de l'enthousiasme mêler des calculs politiques et des frayeurs exagérées: point de réactions disent-ils! Ah qu'ils cessent de craindre. Les attaquer et les punir serait encore s'occuper d'eux, et s'en occuper, même en se vengeant, serait troubler un bonheur que nous voulons sans mélange! Oui, quand nos princes nous sont rendus, quand la violence et l'erreur ont perdu leur empire, quand nous sommes revenus à des sentiments si long-temps comprimés, nous ne voulons tous qu'une réaction d'amour; mais qu'on ne s'y trompe point, ce n'est pas notre amour seul qui s'élève en tous lieux contre une constitution injurieuse à notre prince autant qu'à nous-mêmes.

Elle doit disparaître parce qu'elle est inique sous tous les aspects et par la forme et par le fond; parce que ses auteurs étaient sans pouvoir pour la faire, parce que leur existence n'était qu'une avec celle de leur créateur, parce que des Belges, des Romains, des Hollandais, des Hambourgeois, des Piémontais, sont et seront toujours sans qualité pour donner des lois à des Français. Parce que les sénateurs, au terme de l'article 90, de la constitution qui les gouverne, n'étaient pas en nombre suffisant pour créer même un sénatus-consulte. Ils devaient être les deux tiers présents, cette loi est impérieuse, et ils ne se sont trouvés que 66 sur 143, ce qui ne fait pas la moitié.

Mais ce qui doit avoir plus d'autorité que nos paroles, c'est la pièce remarquable que nous allons présenter. Elle est de nature à mettre fin à toute discussion; un respect éternel pour le nom qu'elle porte, ne nous permet point de décider si un tel acte est authentique ou controuvé, s'il a véritablement existé, ou si nous le devons à la forfanterie de Buonaparte, quand il faisait, comme on sait, le métier de journaliste. Ce qu'il y a de certain, c'est qu'il a eu l'audace de faire insérer cette pièce dans le moniteur du dimanche, 14 messidor an 12 de la république, (1er. juillet 1804).

Lisez, sénateurs; c'est une protestation, atribuée à votre roi, contre ce qui s'était fait en France à l'époque où elle parut et pourrait se faire à l'avenir contre les droits du trône et de la couronne.

Cette pièce, quelqu'en soit l'auteur, aura toujours un avantage qu'on ne pourra lui contester; c'est quelle est parfaitement conforme aux sentimens de tous les Français et que tous leurs suffrages lui seront assurés aujourd'hui, comme dans tous les temps.

Varsovie, le 6 juin 1804.

« En prenant le titre d'Empereur, en voulant le rendre héréditaire dans sa famille, Buonaparte vient de mettre le sceau à son usurpation. Ce nouvel acte d'une révolution où tout, dès l'origine, a été nul, ne peut sans doute infirmer mes droits. Mais comptable de ma conduite à tous les souverains dont les droits ne sont pas moins lésés que les miens, et dont les trônes sont tous ébranlés par ses principes dangereux, que le sénat de Paris a osé mettre en avant ; comptable à la France, à ma famille, à mon propre honneur, je croirais trahir la cause commune en gardant le silence en cette occasion. Je déclare donc (après avoir, au besoin, renouvelé mes protestations contre tous les actes illégaux qui, depuis l'ouverture des états-généraux de France, ont amené la crise effrayante dans laquelle se trouvent et la France et l'Europe ;) je déclare, en présence de tous les souverains, que loin de reconnaître le titre impérial que Buonaparte vient de se faire déférer par un corps qui n'a pas même d'existence légitime , je proteste, et contre ce titre et contre tous les actes subséquents, auxquels il pourrait donner lieu. »

En publiant cette pièce, que Buonaparte rendait authentique en la donnant pour telle, il fit ajouter à la fin la phrase suivante qui devient très-curieuse aujourd'hui.

« Cette protestation , disait-il , est au moins ridicule ; il n'y a qu'une armée de deux cent mille hommes qui puisse lui donner du poids.

Nous avons satisfaction , sénateurs , le poids est au moins dans la balance. Votre constitution ne saurait la faire pencher. Les conditions imposées par Buonaparte , sont plus que remplies , sénateurs ! »

La protestation est bonne et valable.

FIN.

69